Série Les Aventures de Piper
Piper Trouve Son Foyer
La véritable histoire d'un chiot secouru

Dave Osborn

Série Les Aventures de Piper
Piper Trouve Son Foyer
La véritable histoire d'un chiot secouru (Livre 1)
© 2024 Dave Osborn

Editions Adriel

PREMIÈRE ÉDITION

TOUS DROITS RÉSERVÉS. Aucune partie de ce livre ne peut être reproduite, sous quelque forme que ce soit, y compris par la photographie, la xérographie, la diffusion, la transmission, la traduction dans n'importe quelle langue, ou l'enregistrement, sans autorisation écrite de l'éditeur. Les critiques peuvent citer de brefs extraits dans des articles ou des critiques.

Imprimé aux États-Unis.

Conception de la couverture par Dave Osborn

ISBN : 979-8-9900885-3-5

www.DaveOsbornBooks.com

DEDICACE

Ce livre est dédié à l'American Dog Society ainsi qu'aux milliers de refuges et aux Sociétés protectrices des animaux à travers le monde qui sauvent les animaux abandonnés et errants. Le travail désintéressé de leurs équipes et bénévoles, cherchant à procurer à ces animaux des foyers chaleureux et affectueux, a grandement enrichi la vie de leurs familles adoptives.

Prologue pour les parents

Bien que le Piper Trouve Son Foyer soit une histoire vraie avec une fin heureuse, la plupart des adoptions de chiens secourus, en particulier en provenance de refuges, ne se déroulent pas aussi bien. Selon les statistiques de l'American Dog Society, en moyenne, un peu plus de 20% des chiens adoptés dans les refuges seront retournés dans les six mois, et seulement 50% de ces chiens retournés trouveront à jamais un foyer permanent. Les nouveaux propriétaires, ou nouveaux "parents" de chiens, ne sont tout simplement pas préparés au temps et à l'énergie nécessaires pour élever un chiot secouru ou rééduquer un chien adulte. Ils deviennent frustrés et abandonnent trop tôt.

Piper Trouve Son Foyer a été écrit pour éduquer à la fois les adultes et les enfants potentiels adoptants sur ce qu'il faut pour réussir une adoption et pour réduire le nombre d'animaux retournés. Avec de la patience et du temps, adopter un chien ou un chiot secouru peut être une expérience très enrichissante, et les nouvelles familles adoptives recevront en échange une affection dépassant leur compréhension.

Chapitre 1

Sans-abri, Froid et Trempé

Il faisait froid et humide, et j'étais tout boueux et trempé par la pluie. Alors que je me blottissais contre ma mère, mes frères et sœurs pour essayer de rester au chaud, tout ce qui occupait mes pensées, c'était à quel point j'avais faim.

Je crois avoir trouvé quelques plantes à manger hier, mais je n'en suis pas sûr. Ma mère avait très peu de lait pour nous tous, donc nous cherchions ailleurs quelque chose à manger.

Nous n'avions pas de maison, alors nous devions rester dans des fossés et des bouches égout pour nous abriter. Je ne voulais pas aller seul chercher de la nourriture parce qu'il y avait des ratons laveurs qui pourraient me faire du mal.

Je mangeais tout ce que je pouvais dénicher et je partageais avec mes frères et sœurs ce que je trouvais.

Parfois, nous trouvions des écureuils et des oiseaux morts, et nous les mangions quand même pour rester en vie. Souvent, ces animaux étaient gâtés, mais nous devions les manger, avec les vers et tout.

Je ne savais pas combien de temps j'allais survivre. J'étais malade, je me sentais terriblement mal, je ne retenais pas ce que je mangeais, et je n'avais pas la force de me lever ni de marcher. Si un raton laveur m'avait trouvé et avait voulu me faire du mal, je n'aurais pas pu me protéger.

Puis, j'ai vu une dame à proximité de sa maison. Si je pouvais juste l'atteindre, peut-être me donnerait-elle quelque chose à manger.

Chapitre 2

Un Répit du Froid et de l'Humidité !

Comme j'étais si faible, j'allais trop lentement, et la dame est rentrée sur sa véranda avant que je puisse l'atteindre.

Tant bien que mal, j'ai réussi à émettre un aboiement faible, et elle s'est retournée et m'a vue. Elle est venue me caresser et m'a ramené chez elle.

Je me souviens combien c'était agréable de ne pas avoir si froid, et la dame a nettoyé mes pattes et m'a séché avant de me donner à manger dans une gamelle.

C'est alors que j'ai vu qu'il y avait trois autres chiens à proximité qui me regardaient.

La nourriture que la dame m'a donnée était vraiment bonne, mais je l'ai tout de suite vomi. La dame était gentille et a nettoyé le désordre et m'a donné de l'eau.

Ils avaient trois grands chiens et n'avaient pas de place pour un autre. La dame a dit qu'elle me trouvait mignon et qu'elle aimerait me trouver un foyer - un vrai foyer !

Chapitre 3

Une Opportunité pour un Vrai Foyer !

Son mari accepta de me garder deux ou trois jours, mais c'était tout.

En attendant, j'avais un endroit chaud pour dormir et de la nourriture qui n'était ni pourrie ni gâtée.

La dame est rentrée le lendemain et dit à son mari qu'elle avait parlé à une amie qui peut être voulait adopter un chiot.

Sa famille avait déjà eu un chien, mais n'en avait pas eu depuis plusieurs années et elle pensait qu'ils pourraient aimer en avoir un autre.

Je n'en croyais pas mes oreilles ! La dame m'a nettoyé pour que je sois à mon meilleur, et quand l'amie est venue me rencontrer, elle a même amené son mari !

C'est à ce moment-là que j'ai su que j'avais une chance d'avoir un foyer, et j'ai fait de mon mieux !

Chapitre 4

J'ai de la Chance !

L'amie, dont le nom est Marilyn, m'a tenu et a caressé ma fourrure. Je n'étais toujours pas propre, et je ne pouvais pas marcher très bien, mais j'allais beaucoup mieux qu'à mon arrivée.

Le mari de Marilyn, Dave, m'a aussi tenu et m'a caressé. Quand Dave et Marilyn ont dit qu'ils allaient me prendre, j'étais tellement excité et heureux que je ne pouvais que gémir et pleurer de joie. Je savais alors que je vivrais.

Je pensais à mes frères et sœurs, mais ils sont partis chercher de la nourriture sans moi et n'étaient plus à proximité. Je ne les ai jamais revus.

Dave est venu me chercher, et j'étais tellement excité d'aller dans un vrai foyer.

Cependant, dès que je suis monté dans la voiture de Dave, et qu'elle a commencé à bouger, j'ai tout vomi sur son siège avant.

Je craignais tellement que Dave me ramène et dise qu'il ne me voulait plus, mais il m'a emmené chez lui et m'a soigneusement nettoyé avant de nettoyer sa voiture.

Je savais que c'étaient des gens gentils qui prendraient soin de moi et me remettraient sur mes pattes.

La première chose que Marilyn a faite quand Dave m'a ramené à l'intérieur a été de dire : "Ton nom est maintenant Piper, et tu es notre nouveau chiot !"

Chapitre 5
J'ai enfin une Maison !

Dave m'a donné mon premier bain dans un grand évier, et pour la première fois de ma vie, je me suis senti propre. C'était tellement agréable.

Marilyn a versé un bol d'eau pour moi pendant que Dave remplissait un bol de croquettes. C'était délicieux, même si j'en ai rendu une partie peu de temps après.

Plus tard dans la journée, Marilyn m'a donné un os de côtelette avec un peu de viande dessus, puis elle m'a emmené dans leur jardin - c'était merveilleux !

Je ne me sentais toujours pas bien, alors Dave m'a emmené chez le vétérinaire du coin appelé Dr. Shelly Mitchell. Dr. Shelly m'a examiné et n'était pas contente de ce qu'elle a découvert sur moi.

Elle a dit à Dave que j'étais affamé et que j'avais des vers dans le ventre à cause de la nourriture pourrie que je mangeais. Les vers absorbaient toute la nourriture saine que j'avais mangée, donc il ne restait rien pour moi. Je ne pesai que 16 livres, et Dr. Shelly a dit que je devrais peser environ 30 livres si j'étais en bonne santé.

Dr. Shelly a ensuite donné à Dave beaucoup de pilules et de médicaments et lui a dit à quelle fréquence me les donner, et que je guérirais bientôt.

J'ai commencé à me sentir mieux le lendemain. J'étais un peu plus fort et pouvais me lever et marcher mieux. Je n'ai pas vomi ma nourriture ce jour-là, et j'ai commencé à grandir à nouveau.

Je me sentais bien pour la première fois de ma vie, et c'était vraiment réconfortant d'avoir un endroit chaud et sec pour dormir la nuit. Après environ une semaine, les vers étaient partis, et je ne vomissais plus.

J'ai rapidement appris à aimer Dave et Marilyn pour m'avoir sauvé et m'avoir donné un merveilleux foyer.

Chapitre 6
Les Choses à Apprendre dans Ma Nouvelle Maison

L'une des premières choses que j'ai dû apprendre était de ne pas faire pipi dans la maison. Dans le fossé, peu importe où je faisais mes besoins, mais vivre dans une maison c'est différent.

Dave m'a emmené à un endroit dans leur jardin et m'a appris à faire mes besoins là-bas. Il m'y emmenait plusieurs fois par jour, et très bientôt, je savais que c'était là que je devais faire mes besoins.

Un jour, j'avais besoin de faire mes besoins, et Dave ne m'avait pas encore emmené à l'endroit prévu, alors j'ai aboyé et je suis allé à la porte du patio. Dave était content que je lui aie fait savoir que j'avais besoin de faire mes besoins. Il a rapidement ouvert la porte du patio pour moi et m'a conduit à l'endroit désigné.

Dès lors, quand j'avais besoin de faire mes besoins, je me contentais d'aboyer à la porte du patio, et Marilyn ou Dave m'ouvraient la porte. Je savais quoi faire après cela tout seul.

Chaque matin, Dave et moi allions nous promener. Cela m'aide à développer des muscles forts. Parfois, nous rencontrons les voisins et parlons avec eux, et j'ai l'habitude de marcher avec Dave en laisse.

J'aime vraiment quand nous croisons des enfants allant à l'école parce qu'ils veulent toujours me caresser, et j'adore être caressé par les enfants du quartier !

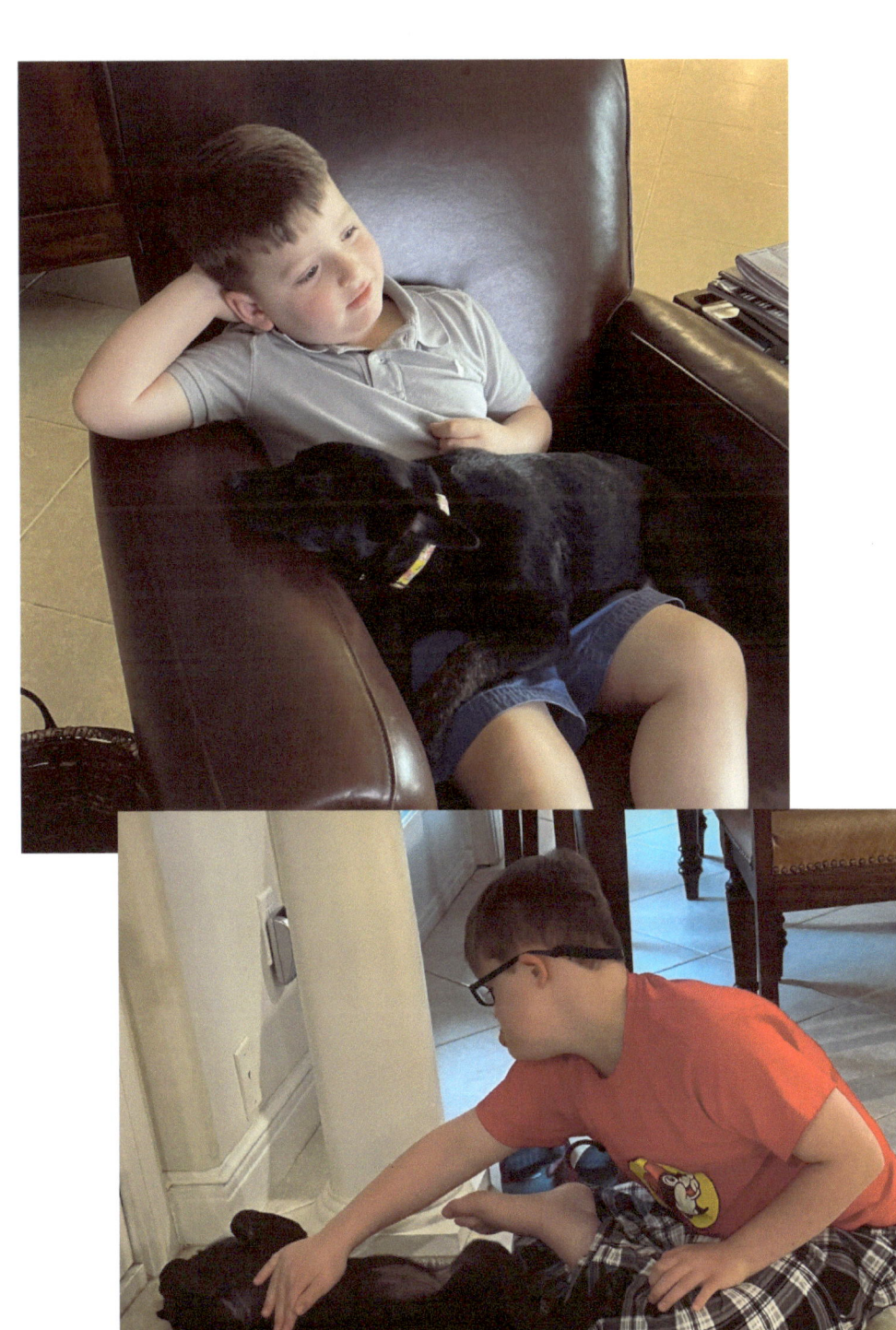

Chapitre 7

Je Rencontre la Famille

J'ai rencontré les petits-fils de Dave et Marilyn, Joshua et Welles, qui sont venus rendre visite un week-end en compagnie de leurs parents, Matt et Dara.

Matt est le fils de Dave et Marilyn, et Dara est leur belle-fille. Ils étaient tous très gentils et semblaient ravis de faire ma connaissance.

Comme Joshua et Welles sont jeunes, comme moi, nous avons passé un agréable moment à apprendre à nous connaître.

Welles m'a emmené en promenade avec Dave et a également brossé ma fourrure pour la rendre douce et lisse.

Joshua a consacré beaucoup de temps à me caresser et à jouer avec moi. J'étais tellement heureux de rencontrer davantage de membres de ma nouvelle famille.

J'ai appris à aimer Joshua et Welles, et ils ont également appris à m'aimer !

J'ai aussi rencontré Jaime, la fille de Dave et Marilyn. Elle est enseignante, une personne dédiée à aider les autres à apprendre.

Jaime enseigne aux petits enfants et elle m'a confié qu'elle lit souvent des livres sur les chiens à ses élèves. Peut-être qu'un jour elle leur lira un livre sur moi !

Chapitre 8

La Maternelle pour les Chiots

Dave m'a inscrit à un cours pour chiots dans une animalerie locale.

C'était effrayant au début. Nous sommes allés dans un grand bâtiment, avec des lumières vives et beaucoup d'étagères. Je n'étais pas sûr de ce que c'était au début, mais Dave m'a expliqué que c'était un magasin qui proposait de nombreuses choses pour les chiens, les chats et d'autres animaux.

Dave a précisé que nous nous dirigions vers un endroit spécial du magasin appelé "maternelle pour chiots." C'était très amusant, et j'ai appris à "m'asseoir", "me coucher", "rester", "attendre" et "lâcher" les objets. J'étais tellement fier quand j'ai obtenu mon diplôme !

Dave était également content, mais il a expliqué que j'avais encore besoin d'aller à la "maternelle pour chiots" pour apprendre à ne pas sauter sur les gens lorsque je les rencontre et à marcher correctement en laisse.

Ce sera amusant, et j'ai hâte d'y retourner !

Chapitre 9

Je Découvre Qui Je Suis

Dave a commandé un kit de test et a prélevé un échantillon humide de ma bouche avec un coton-tige. Il a ensuite envoyé le prélèvement par la poste, et j'ai découvert qu'il était en train de vérifier quel type de chiens étaient mes parents et grands-parents.

Les résultats sont arrivés, et il semble que j'ai plusieurs races différentes de ma lignée canine !

Mon parent le plus proche est un chien Berger Allemand. Les Bergers Allemands sont souvent très intelligents, bons avec les enfants, protecteurs et travailleurs. Oui, toutes ces caractéristiques me ressemblent !

Mon autre parent est un chien Chow Chow. Les Chows sont généralement propres, faciles à dresser, n'ont pas beaucoup d'odeur de chien et sont très fidèles et protecteurs. Oui, toutes ces choses me ressemblent aussi !

Mon troisième parent est un chien American Pit Bull Terrier. Les gens trouvent que les Bull Terriers sont joueurs, têtus, dévoués, énergiques et espiègles. J'aime aussi faire des bêtises !

Enfin, mon dernier parent est un chien Labrador Retriever. Les Labrador Retrievers sont réputés pour être aimables, affectueux, bons avec les enfants, sociables avec les autres chiens et énergiques.

Et devinez quoi ? Toutes ces caractéristiques me ressemblent aussi !

Quand Jaime, la fille de Dave et Marilyn, a vu le rapport, elle a ri et a dit : "c'est pourquoi Piper a une oreille en l'air et une oreille en bas ! Son oreille "en l'air" est son oreille de Berger Allemand, et son oreille "en bas" est son oreille de Labrador Retriever !"

Cela me rend différent de n'importe quel autre chien dans le monde, et j'adore ça !

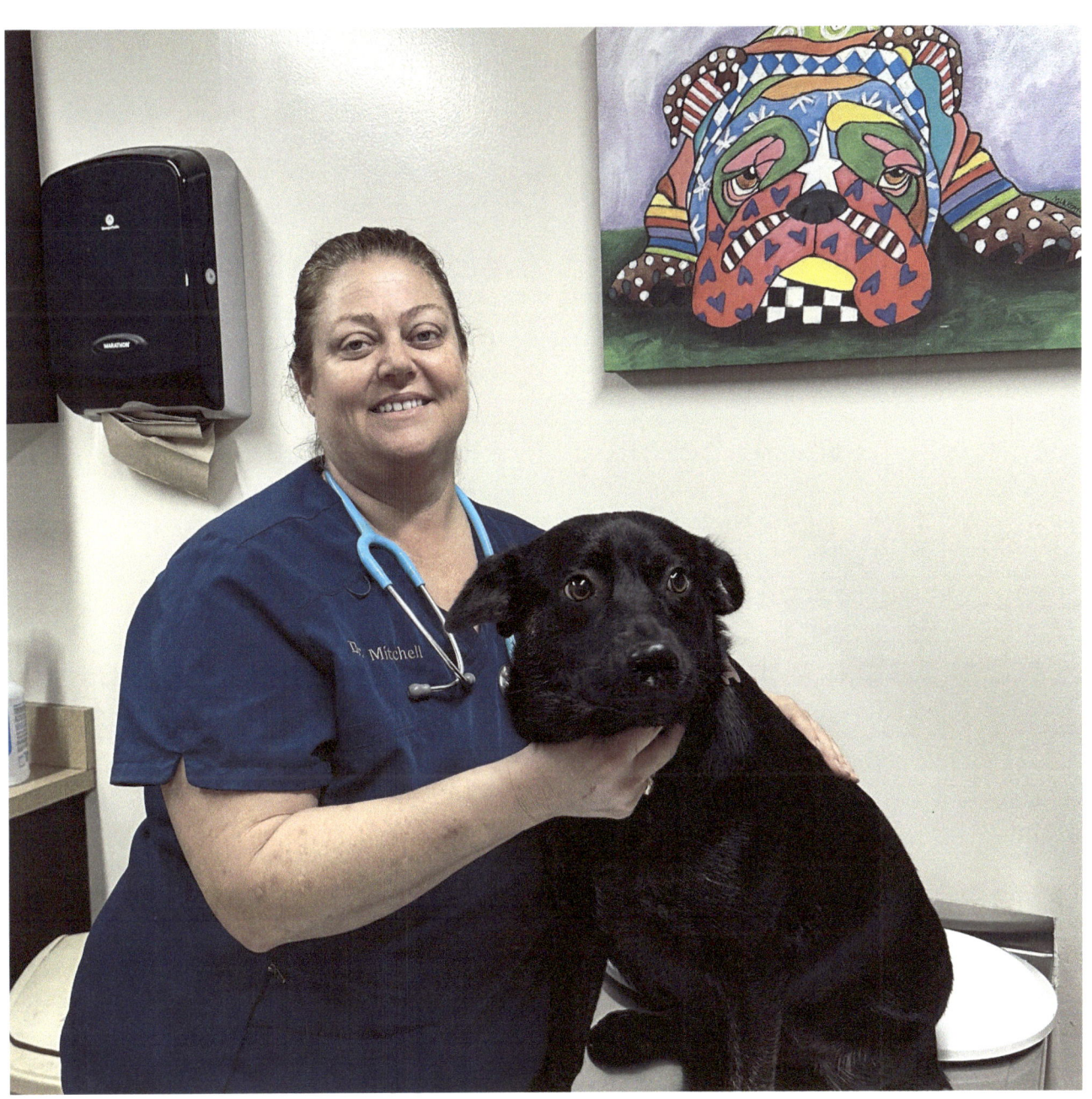

Chapitre 10
Plus de Temps avec Dr. Shelly

Quelques mois plus tard, Dave et Marilyn ont pris des vacances et avaient besoin d'un endroit pour que je séjourne pendant leur absence. Ils ont organisé mon séjour dans le chenil de notre vétérinaire, et ils ont pris grand soin de moi pendant cette période. J'adore le Dr. Shelly, et nous nous entendons très bien !

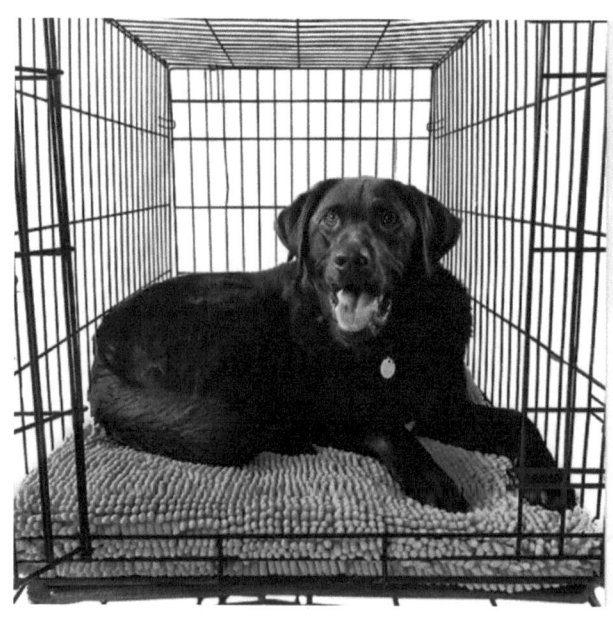

Cependant, j'étais vraiment content de voir Dave quand il est venu me chercher, bien que j'aie apprécié mon séjour au chenil.

Pendant que j'étais au chenil, le Dr. Shelly m'a "opéré" pour éviter toute naissance de chiots. Elle a egalement implanté une puce électronique sur mon épaule afin que, si jamais je me perds, la personne qui me retrouve puisse appeler Dave ou Marilyn pour venir me chercher.

J'aime ma maison et mon quartier, donc je ne veux jamais me perdre.

Chapitre 11

Je vais bien maintenant !

Je grandis correctement à présent. Je suis nourri d'une alimentation saine et je mérite même une friandise quotidienne. J'ai atteint mon poids normal et je pèse maintenant quarante-neuf livres !

Je maintiens ma bonne santé en marchant chaque jour et en courant dans mon jardin plusieurs fois par jour. Lorsque je suis arrivé chez moi pour la première fois, marcher était difficile, mais maintenant tout va beaucoup mieux.

Je veille sur ma nouvelle maison, contribuant ainsi à gagner ma pension, et je m'acquitte de cette tâche avec brio chaque jour ! La vie est belle maintenant !

Je suis un chien très chanceux, et j'adore ma nouvelle maison !

　J'attends avec impatience ma prochaine aventure : aller en formation de chien de thérapie pour apprendre à aider les personnes ayant besoin de réconfort et d'assistance, tout comme moi dans ma jeunesse.

　Mais cela est une autre histoire !

Dave Osborn

En tant qu'ancien cadre d'entreprise, Dave poursuit sa passion de toute une vie pour l'écriture et travaille actuellement sur plusieurs projets destinés à des publications en ligne et hors ligne.

Sa profonde affection pour les chiens transparait également, alors n'hésitez pas à chercher d'autres ouvrages relatant ses aventures avec Piper, son compagnon canin et chien secouru.

Dave occupe également un siège au conseil d'administration de l'American Dog Society.

Parmi ses loisirs, la voile occupe une place privilégiée, et il possède des certifications de voile tant aux États-Unis qu'à l'international. Dave trouve aussi du plaisir dans la chasse aux oiseaux dans le sud du Texas, la pêche en bord de mer, et nourrit une passion pour le barbecue. De plus, il est fan de musique bluegrass et aime jouer du piano, de la guitare, de la basse et du banjo à cinq cordes.

Dave est titulaire d'un diplôme en sciences de l'université Stephen F. Austin à Nacogdoches, au Texas, et une maîtrise en administration des affaires de l'université Texas Christian à Fort Worth, au Texas.

Il réside à Harlingen, au Texas, en compagnie de sa femme Marilyn et leur chien de secouru Piper. Le couple a deux enfants adultes et deux petits-fils qui vivent dans la région de Houston.

Remerciements de l'auteur

Bien que mon nom figure sur la couverture, je n'aurais pas pu écrire ce livre sans l'apport précieux des personnes suivantes :

- Marilyn Osborn, ancienne professeure d'anglais devenue doyenne des étudiants et directrice de l'école, pour son assistance dans la structure des phrases, le choix des mots et les idées relatives aux photos ;
- Jaime Osborn, enseignante en maternelle et spécialiste de la lecture, pour son aide concernant le vocabulaire et la structure des phrases ;
- Matt et Dara Osborn pour leurs nombreuses critiques et suggestions pour la création des chapitres marquants ;
- Joshua et Welles Osborn pour leur contribution à occuper Piper pendant que le reste d'entre nous travaillait sur le livre ;
- Dr. Shelly Mitchell, Arroyo Hospital Vétérinaire, pour ses excellents soins afin de maintenir la santé de Piper ;

- Et enfin, mais non des moindres, Piper Osborn, qui demeure le compagnon le plus exceptionnel qui soit !